Für Anne und Jan,
die mir durch ihre Fragen und ihre Kritik
bei der Arbeit an diesem Buch
geholfen haben.

9. Auflage 1982
© 1976 Verlag Heinrich Ellermann München
Alle Rechte vorbehalten
Herstellung: Manfred Lüer
Satz: Wild + Breier München
Offsetdruck: Hablitzel & Sohn Dachau
ISBN 3-7707-6147-2
Printed in Germany

Die Vogel-Uhr

Das Jahr der Vögel

gemalt und erzählt von Irmgard Lucht
nach einer Idee von Christa Spangenberg
Vogelkundliche Beratung Josef Koller

Ellermann Verlag

Der *Steinadler* und das *Rotkehlchen* auf diesem Bild zeigen, wie verschieden in Größe, Form und Farben Vögel sind. Aber gemeinsam ist ihnen, daß sie Federn haben und zwei Flügel, zwei Füße mit Krallen und einen Schnabel. Damit unterscheiden sie sich von anderen Tieren. Alle Vögel können laufen oder hüpfen, die meisten Vögel können fliegen, manche können schwimmen und einige sogar tauchen.

Das Kleid der Vögel besteht aus verschiedenen Federn: kleinen, weichen *Daunen,* die den Körper wärmen, schmalen, aber stabilen *Schwungfedern* an den Flügeln zum Fliegen und kräftigen *Schwanzfedern* zum Steuern. Die Vögel pflegen täglich ihr Gefieder. Dazu baden sie in Pfützen und an flachen Ufern von Seen und Bächen. Danach putzen sie die Federn mit ihrem Schnabel und bestreichen sie mit Fett. Dieses Fett bildet sich in der Bürzeldrüse an ihrem Hinterleib. Es macht die Federn geschmeidig und stößt das Wasser ab – das brauchen vor allem die Wasservögel. Trotz guter Pflege nutzen sich die Federn ab. Aber das Federkleid erneuert sich von Zeit zu Zeit. Man sagt: die Vögel mausern sich.

Der *Schwalbenflügel* auf dieser Seite zeigt, wie ein Vogelflügel gebaut ist und wo die Schwungfedern sitzen. Unter den Federn verbergen sich Knochen, Muskeln und Sehnen, die die Schwingen halten und bewegen. Alle Vogelflügel sind im Bau gleich, unterscheiden sich aber in der Form je nach der Vogelart. Die Flügelformen sieht man am deutlichsten im Flug.

Die Weibchen aller Vogelarten legen *Eier*. Sie werden durch die Körperwärme des Vogels ausgebrütet. Aus ihnen schlüpfen dann die Jungen. An der Größe und Farbe der Eier kann man die einzelnen Vogelarten erkennen. Ihre Schalen haben alle möglichen Färbungen und Muster.

Vögel haben scharfe Augen. Viele von ihnen sehen besser als die Menschen. Auch ihr Gehör ist sehr fein, obgleich die Ohren keine Ohrmuscheln haben. Die Ohröffnungen liegen am Kopf hinter den Augen, sind aber von Federn bedeckt.

Der Schnabel ist aus Horn. Er dient zum Fressen und als Waffe; manchmal ist er messerscharf. Auch als Handwerkszeug wird er benutzt. Vögel haben keine Zähne.

Wie die Schnäbel, so sind auch die Beine und Füße nicht bei allen Vögeln gleich. Jede Vogelart hat sie zu ihrer Lebensart passend: zum Schreiten durch hohes Gras *(Storch)* oder zum Schwimmen *(Ente)*, zum Laufen *(Lerche)* oder zum Klettern an Zweigen *(Meise)*, zum Festhalten an Baumstämmen *(Specht)* oder zum Greifen der Beute *(Adler)*.

Wenn man meint, daß die Vögel frei und ungebunden sind, weil sie fliegen können, so ist das ein Irrtum: Jede Vogelart hat einen bestimmten Raum, in dem sie leben kann. Hier findet sie ihre Nahrung und hier baut sie ihre Nester. Wir nennen das ihren Lebensraum.

Lebensraum Haus – Hof – Garten:

In der Nähe der Menschen, bei ihren Häusern, bei Bauernhöfen und in Gärten leben zum Beispiel die Vögel, die auf diesem Bild zu sehen sind. Sie fühlen sich hier sicherer als in der freien Natur und haben sich an die Menschen gewöhnt.

Hier finden sie reichlich Nahrung und gute Nistmöglichkeiten, das heißt, sie können ihre Nester bauen. Die Menschen hängen sogar manchmal Nistkästen für sie auf.

Damit das *Storch*enpaar bei ihm sein Nest baut, befestigt der Bauer ein Wagenrad oder einen Korb am Dachfirst. Hat es einmal dort sein Nest, kommt es jedes Jahr wieder, um darin zu brüten und seine Jungen aufzuziehen.

Lebensraum Feld und Flur:

Weites, offenes Gelände, das von einzelnen Baumgruppen und Hecken bestanden ist, lieben diese Vögel. Sie finden ihre Nahrung auf Feldern und Wiesen. Manche bauen ihre Nester direkt auf dem Boden im Schutz der Felder, zum Beispiel *Rebhuhn* und *Wachtel*.

Lebensraum Wald:

Vögel, die im Wald leben, suchen den Schutz der dicht zusammenstehenden Bäume. Sie finden hier auch ihre besondere Nahrung. Einer von ihnen ist der *Specht*. Man nennt ihn den Zimmermann des Waldes. Mit seinem kräftigen Schnabel meißelt er sich eine Wohnung in den Baumstamm. Sein Hämmern ist weit zu hören. Auf und unter der Baumrinde findet er seine Nahrung: Insekten, Ameisen und Holzkäferlarven.

Der *Habicht* ist ein Greifvogel. Als Jäger greift er seine Beute mit den Füßen, – die man bei ihm Fänge nennt. Seine kurzen und abgerundeten Flügel erleichtern ihm das schnelle und wendige Fliegen zwischen den Bäumen.

Auch die *Ringeltaube* wohnt im Wald, aber ihr Futter sucht sie sich draußen auf den Feldern.

Lebensraum Seen – Teiche – Moore:

In einer Landschaft mit Wasser und feuchten Wiesen, mit Sumpf und Moor, mit weiten Schilfflächen und geschützten Inseln fühlen sich diese Vögel wohl. Hier finden sie als Nahrung Fische, Frösche, Molche und Wasserinsekten. Manche leben auch nur von Gras und Wasserpflanzen. Das Schilf bietet vielen Nestern guten Schutz.

Brachvogel · Graureiher · Eisvogel · Stockente · Graugans · Kiebitz · Rohrdommel · Höckerschwan

Lebensraum Strand und Watt:

Das Ufer des Meeres und die weiten Flächen des Watts sind der Lebensraum dieser Vogelarten. Am Strand bauen viele von ihnen ihre oft ganz ungeschützten Bodennester. Die anderen benützen die Felsbänder der steilen Klippen zur Nestanlage. Ihre Nahrung sind Fische, Muscheln, Würmer und Wasserpflanzen, die sie im Wasser und im feuchten Sand des Watts finden.

Saatkrähen

Januar

Der Winter ist für die Vögel, die bei uns bleiben, eine schwere Zeit. Wenn Eis und Schnee das Land bedecken, haben sie große Mühe, genügend Futter zu finden. Die Nahrung gibt ihnen die Kraft, die sie brauchen, und auch die Wärme. Darum verbringen alle Vögel, die nicht in wärmere Länder ziehen, die wenigen hellen Stunden der Wintertage mit rastloser Suche nach Futter.

Der schillernd bunte *Eisvogel* ist ein Fischjäger. Hat er einen kleinen Fisch entdeckt, läßt er sich im Sturzflug ins Wasser fallen und greift ihn mit seinem kräftigen Schnabel. Dann taucht er wieder auf, schlägt seine Beute gegen eine harte Unterlage und verspeist sie. Die *Wasseramsel* taucht auf den Grund des Baches und sucht nach Wasserinsekten und Würmern. Beim Tauchen werden beide nicht naß. Ihr gut gefettetes Gefieder stößt das Wasser ab.

Spinnen, Insekteneier und kleine Samen finden der *Zaunkönig* und die verschiedenen *Meisenarten* auf Baumrinden und trockenem Gras. Der *Buntspecht* ist auf der Suche nach Eicheln, Nüssen, Beeren und Samen von Nadelbäumen. Das mag auch die *Elster,* die außerdem noch kleine Tiere und Aas frißt.

In der kalten Jahreszeit sehen wir besonders häufig Scharen von *Saatkrähen*. Sie sind gesellige Vögel und leben in großen Gemeinschaften. Wenn es hell wird, fliegen sie zusammen auf Nahrungssuche, wobei sie bis an den Rand der Städte kommen. Auf den Müllplätzen der Menschen finden diese Allesfresser reichlich Futter. Am Abend kehren sie gemeinsam zu ihren Schlafbäumen zurück, auf denen oft mehr als hundert Vögel schlafen.

Um sich in den langen, kalten Winternächten vor Kälte zu schützen, schlüpfen viele Vögel in Nistkästen, Baumhöhlen und Feldscheunen unter. Andere drängen sich auf den Zweigen so dicht zusammen, daß sie richtige Vogeltrauben bilden. So wärmen sie sich gegenseitig.

Seidenschwänze

Februar

In manchen Jahren kommen große Vogelschwärme aus dem Norden, aus den Ländern Norwegen, Schweden und Finnland zu uns, zum Beispiel Birkenzeisige, Bergfinken und *Seidenschwänze*. Man nennt sie Invasionsvögel. Der Grund für ihren Besuch ist der Nahrungsmangel in ihrer Heimat. Dort ist der Winter kälter und schneereicher als bei uns. Sie suchen die noch hängengebliebenen Früchte an Sträuchern und Bäumen und bleiben, bis es wieder wärmer wird. Dann ziehen sie zurück in ihre Heimat.

Feldlerche
Bachstelze
Singdrossel
Kiebitz

März

Wenn der letzte Schnee schmilzt, das gefrorene Erdreich auftaut und die Tage spürbar länger werden, hören wir in der Morgen- und Abenddämmerung wieder das Lied der Amsel. Es wird Frühling.

Dann kehren auch die ersten Zugvögel zu uns zurück. Sie haben den Winter in warmen Ländern verbracht. Bei uns wollen sie nun ihre Nester bauen, um zu brüten. Solche Rückkehrer sind zum Beispiel die *Feldlerche,* die *Bachstelze,* die *Singdrossel* und der *Kiebitz.*

Bevor Vögel mit dem Nestbau beginnen, gründen sie ihr Revier. Das bedeutet: ein Vogel – meist ist es das Männchen – sucht sich ein bestimmtes Gebiet aus und »besetzt« es. Durch lautes und ausdauerndes Singen verkündet er den Vogelmännchen der eigenen Art: »Dieses Gebiet gehört mir. Ich dulde kein anderes Männchen hier«. Sein Lied bedeutet aber auch: »Ich suche eine Frau, mit der ich eine Familie gründen möchte«.

Kommt aber doch ein Eindringling in sein Revier, dann versucht das Vogelmännchen, den Gegner einzuschüchtern und damit zu vertreiben. Das Rotkehlchen zeigt zum Beispiel drohend seine rote Brust und der Buchfink sträubt sein Brustgefieder und zeigt die weißen Federn an seinen Flügeln. Wenn auch das nichts hilft, kommt es manchmal zum richtigen Kampf.

Die meisten Vogelmännchen haben nicht nur ein bunteres Federkleid als ihre Weibchen, sie haben auch die schönere Stimme. Jede Singvogelart singt auf ihre besondere Weise, an der man sie erkennen kann. Nur einige Vogelarten machen eine Ausnahme. Sie führen die Menschen an der Nase herum, indem sie den Gesang anderer Vögel nachahmen. Man sagt: sie spotten. Das tut zum Beispiel der Star.

Der Kuckuck kann nicht singen, dafür hat er seinen typischen Kuckucksruf, der ihm auch seinen Namen gab. Auch der Specht ist kein Sänger. Er macht auf sich aufmerksam durch seine Rufreihen und durch sein weithin schallendes Klopfen an Bäumen, Telegraphenmasten und Fernsehantennen.

Star

Vögel machen den Menschen nicht nur Freude durch ihren Gesang, sie sind auch nützlich. Viele Arten fressen Schnecken und Würmer, die Gemüse und Erdbeeren im Garten befallen. Auch schädliche Insekten und deren Eier und Larven sind beliebte Vogelnahrung. Andere Vögel leben mehr von Planzensamen und sind dennoch nützlich, weil sie dabei auch große Mengen von Unkrautsamen vertilgen.

Deshalb ziehen die Menschen die Vögel in ihre Nähe. Zeitig im Frühjahr hängen sie *Nistkästen* an Bäumen, Mauern und unter Dachvorsprüngen auf. Vögel, die sonst in Höhlen brüten, können hier ihre Brut großziehen. Die kleinen Meisenarten, der *Gartenrotschwanz,* der Kleiber und der *Star* nehmen diese Nisthilfe gerne an.

Damit die Nistkästen nicht nur von großen Vögeln bezogen werden, macht man die Einfluglöcher verschieden groß. Die kleinsten haben einen Durchmesser von 28 mm; sie sind für die Blaumeisen.

Manchmal kommt es vor, daß ein *Gartenrotschwanz*- oder ein Meisenpärchen den Briefkasten am Gartenzaun mit einem Nistkasten verwechseln. Hausbewohner, die das Nest rechtzeitig bemerken, schützen die Brut durch ein kleines Warnschild: »Bitte keine Post einwerfen – hier brüten Vögel!«

Gartenrotschwanz

April

Gartenrotschwanz-Paar

Die Vogelmänner haben das Brutrevier ausgesucht – nun suchen sie eine Frau. Das Werben der Vögel um den Partner heißt die Balz. Dabei zeigen die Vogelmännchen den Weibchen ihre besonderen Vorzüge: Gute Sänger locken durch ihren Gesang; andere, die das nicht so gut können, spreizen ihre Federn und zeigen so ihre Schönheit. Wieder andere – wie zum Beispiel der Haussperling – führen vor ihrer Erwählten einen kleinen Tanz auf. Dabei lassen sie ihre Flügel hängen und sträuben die Kopffedern. Gute Flieger, wie der Mäusebussard, zeigen ihr Können in eindrucksvollen Balzflügen, und Kampfläufermännchen führen regelrechte Schaukämpfe auf.

So verschiedenartig die Balz bei den einzelnen Vogelarten auch ist, der Sinn ist immer der gleiche: Männchen und Weibchen paaren sich. Dann gibt es wieder junge Vögel. Die Eier wachsen im Weibchen und im Männchen bilden sich zur Paarungszeit die Samen. Erst wenn ein männlicher Samen das Ei im Körper des weiblichen Vogels befruchtet hat, kann im Ei ein Vogelküken entstehen und wachsen. Bei der Paarung flattert das Männchen auf den Rücken des Weibchens und drückt die Öffnung an seinem Körperende an die Öffnung des Weibchens. So gelangt die Samenflüssigkeit, in der unzählig viele, winzige Samen schwimmen, in den Körper der Vogelfrau und zu den Eiern. Eine Schale bildet sich um das Ei erst, wenn es befruchtet ist.

Die Nester sind die Kinderstuben der Vögel. Meist werden sie von Weibchen und Männchen gemeinsam gebaut. Jede Vogelart hat ihre eigene Nestform. Es gibt richtige Architekten unter ihnen, bei anderen genügen ganz einfache Nester. Bevorzugt als Platz werden die Zweige von Bäumen oder Büschen, wie hier von der *Singdrossel* und der *Schwanzmeise*. Solche Vögel nennen wir Freibrüter. Ein hängendes Nest bauen Pirol und *Teichrohrsänger,* und die *Rauchschwalbe* baut ihr Lehmnest direkt unter die Decke von Ställen. Das Nistmaterial wird meist aus der nächsten Umgebung herbeigeschafft. Innen sind fast alle Nester weich gepolstert, etwa durch Federn, Moos, Pflanzenwolle oder Tierhaare.

Manche Vogelarten suchen sich Mauerlöcher oder hohle Baumstämme oder bauen sich selbst Höhlen in Bäumen – wie der *Buntspecht* – oder in Uferböschungen, wie der *Eisvogel.* Das sind die Höhlenbrüter.

Vögel, die ein einfaches Nest auf dem Boden anlegen – wie die *Feldlerche* und der *Säbelschnäbler* – gehören zu den Bodenbrütern.

Amseljunges   Entwicklung im Ei

Mai

Der Mai ist der ereignisreichste Monat im Vogeljahr. Viele Vögel sind noch mit dem Nestbau beschäftigt, andere legen schon ihre Eier und wieder andere brüten bereits.

Ein Vogelei besteht aus der äußeren, festen Schale, zwei dünnen Schalenhäuten, zwischen denen am stumpfen Ende des Eis eine Luftkammer eingebettet ist, dem Eiweiß und dem durch die zwei Hagelschnüre im Ei verankerten Eidotter. Oben auf dem Eidotter liegt die Keimscheibe, aus der nach der Befruchtung das Küken zu wachsen beginnt. Es wächst aber nur, wenn das Ei warm gehalten wird. Darum brüten die Vögel. Dazu muß immer einer der beiden Vogeleltern auf den Eiern sitzen, um durch seine Körperwärme für gleichmäßige Temperatur zu sorgen. Bei vielen Vogelarten wechseln Männchen und Weibchen sich dabei ab, bei anderen besorgen die Vogelmütter das Brutgeschäft allein – wie bei der *Amsel,* die unser Bild zeigt. Die Vogelväter bleiben dann meist in der Nähe des Nestes, warnen das Weibchen vor Feinden und bringen ihm Futter. Im Gegensatz zu ihren Männchen haben viele Vogelweibchen ein unscheinbar gefärbtes Federkleid. Wie sinnvoll das ist, sieht man bei einer brütenden Vogelmutter: ihr unauffälliges Gefieder ist eine Tarnung, die vor Feinden schützt. Eine Tarnfarbe tragen auch die meisten Vogeleier; sie sind gefleckt und gesprenkelt und fallen dadurch weniger auf. Nur die Eier von Höhlenbrütern brauchen keine Tarnfarbe und können rein weiß sein.

Wie viele Eier ein Vogelweibchen legt, ist von Art zu Art verschieden, meist sind es 3–5. Es können auch 20 sein. Unterschiedlich ist auch die Dauer des Brütens. Kleinere Vogelarten brüten höchstens 14 Tage, größere brauchen bis zu 5 Wochen.

Ist das Küken im Ei herangewachsen, durchstößt es von innen die Eischale und pickt sich heraus. Viele Vogelkinder sind nackt, blind und hilflos, wenn sie zur Welt kommen, und noch ganz auf die Pflege ihrer Eltern angewiesen. Man nennt sie Nesthocker. Zu ihnen gehören die meisten Singvögel. Andere kommen mit einem Daunenkleid zur Welt, können gleich sehen und laufen und verlassen mit ihren Eltern bald den Nistplatz. Man nennt sie Nestflüchter. Zu ihnen gehören zum Beispiel Ente und Regenpfeifer.

Rauchschwalbe und Junge

Pirolweibchen und Junge

Ein Rotkehlchenjunges wiegt nach dem Schlüpfen 2 Gramm, nach 12 Tagen aber schon 20 Gramm.

Von all den fleißigen Vogeleltern macht der *Kuckuck* eine seltsame Ausnahme. Er baut kein Nest und kümmert sich nicht um seine Jungen. Die Eier legt das Weibchen einfach in fremde Nester, und zwar immer nur eines in ein Nest. Die Pflegeeltern – es können *Teichrohrsänger,* Bachstelzen oder Rotkehlchen sein – merken nicht, daß es ein fremdes Ei ist und brüten es zusammen mit den eigenen Eiern aus.

Juni

Jetzt sind die meisten Vögel mit der Aufzucht ihrer Jungen beschäftigt. Alle Eltern von Nesthockern sind unermüdlich von morgens bis abends unterwegs, um Nahrung für ihre Kinder zu suchen. Jungvögel sind kleine Nimmersatts. Immer wenn einer der Eltern sich dem Nest nähert, recken sie die Hälse hoch, sperren ihre Schnäbel auf und betteln um Futter. Man hat beobachtet, daß Kohlmeiseneltern bis zu 60 mal in der Stunde mit Nahrung zum Nest flogen!

Sobald der junge *Kuckuck* geschlüpft ist, schiebt er alles aus dem Nest, was er neben sich fühlt. Das können die Eier seiner Pflegeeltern sein oder ihre schon geschlüpften Jungen. So bleibt er schließlich allein zurück und läßt sich als Einzelkind von den Wirtsvögeln füttern.

Sein Appetit ist riesengroß und er wächst unglaublich schnell. Bald paßt er nicht mehr in das Nest und seine zierlichen Pflegeeltern müssen sich oft auf seinen Rücken stellen, um ihn füttern zu können. Nach drei Wochen ist er flügge. Das bedeutet: das Federkleid des jungen Kuckucks ist so weit gewachsen, daß er die ersten Flugversuche wagen kann. Nach einer weiteren Woche ist er ganz selbständig.

Die Eltern von Nestflüchtern haben weniger Mühe mit der Nahrungssuche. Ihre Jungen picken schon bald nach allem, was ihr Schnabel findet. Allmählich lernen sie auszuwählen, was für sie das richtige Futter ist. Manchmal zeigt ihnen auch die Vogelmutter, was gut für sie ist.

Junger Kuckuck und Teichrohrsänger

Juli

Solange die Nesthocker noch klein sind, werden sie von ihren Eltern gefüttert. Wenn sie größer werden und gut fliegen können, müssen sie selbst für sich sorgen. Sie lernen, was für sie das richtige Futter ist und wie sie es finden.

Bei den meisten Vögeln können wir an der Form ihres Schnabels erkennen, wovon sie sich ernähren. Es gibt Vögel, die alles fressen, was sich als Nahrung eignet. Wir nennen sie Allesfresser. Dazu gehören Krähen und Möwen. Andere Vögel sind richtige Futterspezialisten, die sich fast ausschließlich von einer bestimmten Futterart ernähren.

Haussperling

Körnerfresser
Sie leben hauptsächlich von Körnern und Samen. Ihr Schnabel ist kräftig und breit, damit sie Schalen oder Hülsen aufknacken können. Zu ihnen zählen: *Haussperling,* Buchfinken und Gimpel.

Singdrossel

Obstfresser
Der Schnabel dieser Vögel ist mittellang und nicht sehr kräftig. Ihr Lieblingsfutter sind Beeren und weiches Obst. Deshalb können sie in Gärten und Weinbergen großen Schaden anrichten. Der Star, die Amsel, die *Singdrossel* und der Pirol sind Obstfresser, die aber auch Insekten, Würmer und Schnecken mögen.

Rotkehlchen

Weichfresser
Vögel, die sich hauptsächlich von Insekten aller Art ernähren, haben einen zierlichen, kurzen Schnabel. Zu ihnen rechnen wir das *Rotkehlchen,* alle Meisenarten, den Haus- und Gartenrotschwanz und alle Schwalbenarten.

Flußseeschwalbe

Fischfresser
Fischfresser sind Fischjäger, die sich ihre Beute aus dem Wasser holen. Dafür brauchen sie ihren kräftigen, dolchförmigen Schnabel. In diese Gruppe gehören: Eisvogel und Seeschwalben. Auch Möwen fangen gerne Fische.

Turmfalke

Fleischfresser
Vögel, die sich von Fleisch ernähren, sind – bis auf die Geier – Jäger. Sie greifen ihre lebende Beute, wie Mäuse, Frösche, Schlangen, kleine Vögel, mit ihren kräftigen Fängen – so nennt man ihre Füße. Ihren starken gekrümmten Schnabel brauchen sie zum Zerreißen und Zerkleinern des Beutetiers. Zu den Fleischfressern gehören zum Beispiel alle Greifvögel, wie Falken, Adler und Habicht sowie alle Eulen und Käuze.

Graugans

Pflanzenfresser
Diese Vogelgruppe ernährt sich hauptsächlich von Pflanzen, die sie im Wasser und am Ufer findet. *Graugänse* rupfen mit dem Schnabel Gras und Kräuter. Schwäne und Enten, die nicht tauchen können, »gründeln«. Sie stecken ihren Hals so tief wie möglich ins Wasser, um nach Wasserpflanzen zu suchen. Tauchenten, wie Tafelenten und Reiherenten, tauchen völlig unter Wasser, um an die Wasserpflanzen zu kommen.

Ratte

Eichhörnchen

Wiesel

Das Leben der Vögel wird vor allem in der Brutzeit von vielen Gefahren bedroht. Ihre natürlichen Feinde sind die Tiere, die Vogeleier, Vogeljunge oder ausgewachsene Vögel als Beute suchen. Zu ihnen gehören *Ratten, Eichhörnchen, Wiesel*. Ein Schutz vor diesen Verfolgern ist die Tarnfarbe vieler Vögel und der Vogeleier. Auch die Nestflüchter tragen eine ihrer Umgebung angepaßte Tarnfarbe.

Wenn ein Feind auftaucht, stoßen viele Vögel laute Warnrufe aus. Damit warnen sie ihre Jungen, aber auch die Artgenossen. Dann drücken sich die Vogelküken augenblicklich auf den Boden. Reglosigkeit und Tarnfarbe helfen ihnen, nicht entdeckt zu werden. Viele Vögel greifen ihre Feinde mutig an, andere gebrauchen eine List: Sie verlassen ihr Nest und laufen scheinbar flügellahm vor dem Feind her. So lenken sie ihn von ihrer Brut ab.

Es gibt aber Gefahren, denen gegenüber die Vögel wehrlos sind. Manche Vogelarten gelten als besondere Leckerbissen und werden deshalb gejagt und gefangen.

Eine andere Gefahr für das Leben der Vögel ist die Veränderung der Landschaft durch den Menschen. Moore werden trockengelegt, Wälder werden abgeholzt, dürre Grasflächen und Buschgruppen abgebrannt. Dadurch wird der Lebensraum vieler Vögel zerstört. Sie müssen auswandern. Oft werden die Felder mit Insekten- und Unkrautvernichtungsmitteln besprüht. Das macht zwar die Ernte reicher für die Menschen – die Vögel verlieren aber eine Nahrungsquelle. Da diese Mittel giftig sind, können die Vögel außerdem krank oder unfruchtbar werden.

Für alle Wasservögel ist die Verschmutzung der Gewässer eine besondere Gefahr. Durch die Abfälle und Abwässer der Städte und großen Industrieanlagen können Flüsse und Seen so verunreinigt werden, daß alles Leben darin stirbt. Fische und Wasserpflanzen gehen ein, und die Vögel, die von ihnen leben, finden keine Nahrung mehr.

Junge Hausrotschwänze

August

Der Sommer geht langsam zu Ende. Noch gibt die Sonne Wärme, aber die Tage werden kürzer. Das reife Getreide auf den Feldern wird geerntet.
Manche Vögel brüten zwei- und dreimal im Jahr. Darum gibt es auch in diesem Monat noch Jungvögel, wie zum Beispiel die gerade flügge gewordenen *Hausrotschwänze* auf unserem Bild. Ihre Eltern haben sie zwei Wochen lang im Nest gefüttert und versorgt. Nun machen sie sich selbständig.
Es kommt manchmal vor, daß wir einen Jungvogel irgendwo am Boden finden. Er sieht hilflos aus, aber er ist es nicht. Seine Eltern sind meistens in der Nähe und kümmern sich um ihn. Wollten wir ihn großziehen, würde das kaum gelingen. Wir haben nicht die richtige Nahrung und der junge Vogel müßte sterben. Darum muß man Jungvögel auf jeden Fall dort lassen, wo man sie findet!
Die kleinen *Haubentaucher* können kurz nach dem Schlüpfen schon schwimmen. Wenn sie müde werden oder frieren, klettern sie auf die Rücken der Eltern und verkriechen sich dort im Rückengefieder oder unter den Flügeln. Schon mit 6 Wochen können sie tauchen und mit 9 Wochen sind sie selbständig.

September

Sommer und Spätsommer – das ist für die meisten Vögel die Zeit der Mauser. Sie verlieren ihr Hochzeits- und Brutkleid und bekommen ein Winterkleid. Das sieht meist unauffälliger aus, ist aber wärmer.
Bei den einzelnen Vogelarten verläuft die Mauser unterschiedlich. Zum Beispiel werfen Gänse, Enten und Schwäne alle Schwungfedern auf einmal ab. Sie können dann längere Zeit nicht fliegen.
Vögel, die ihre Schwung- und Steuerfedern zur Nahrungssuche unbedingt brauchen, wechseln diese wichtigen Federn nach und nach, so das Habichtsmännchen.
Mit den ersten kalten Nächten werden viele Vogelarten unruhig. Sie finden sich zu kleineren oder größeren Trupps zusammen. Stare sammeln sich in großen Scharen auf abgemähten Wiesen und Feldern, Schwalben sitzen zu Hunderten auf Telegraphenleitungen.
Die Zeit des Vogelzugs beginnt. Unter Vogelzug verstehen wir die großen Wanderungen vieler Vogelarten, die im Winter bei uns nicht leben können, weil sie kein Futter mehr finden. Dazu gehören die meisten Vögel, die von Insekten leben und alle, die Frösche, Schnecken und Würmer als Nahrung brauchen. Auch viele Strand- und Wasservögel müssen in wärmere Länder ziehen, wenn das Eis ihre Futterstellen verschließt.

Diese Wanderungen sind bei den einzelnen Arten verschieden weit und auch das Ziel ist unterschiedlich. Manchen Vögeln genügt es, wenn sie nur einige hundert Kilometer nach Süden fliegen. Sie werden Teilzieher genannt. Andere unternehmen Reisen von mehreren tausend Kilometern. Das sind die eigentlichen Zugvögel.
Woher weiß man nun, wohin so viele Vögel im Herbst verschwinden und woher sie im Frühjahr wieder kommen? Das Rätsel wurde erst in diesem Jahrhundert gelöst, als Vogelforscher – auch Ornithologen genannt – mit der Beringung der Vögel begannen. Das geht so vor sich: Tausende von Vögeln der verschiedensten Arten werden behutsam eingefangen, und man legt jedem von ihnen einen kleinen, leichten Aluminiumring um ein Bein. Auf diesem Ring steht zum Beispiel: »Vogelwarte Radolfzell Germania H 968301«. Nach der Beringung werden die Vögel wieder freigelassen und die geheimnisvolle Reise kann beginnen. Wird nun ein so gekennzeichneter Vogel in einem anderen Land gefangen oder gefunden, dann schickt der Finder den Ring an die Vogelwarte zurück. In ihren Listen haben die Vogelforscher die Nummer des Rings aufgeschrieben und wissen darum, welcher Vogel ihn trug. Je mehr Vögel beringt werden, desto genauer können die Forscher den Vogelzug verfolgen.

Rauchschwalben

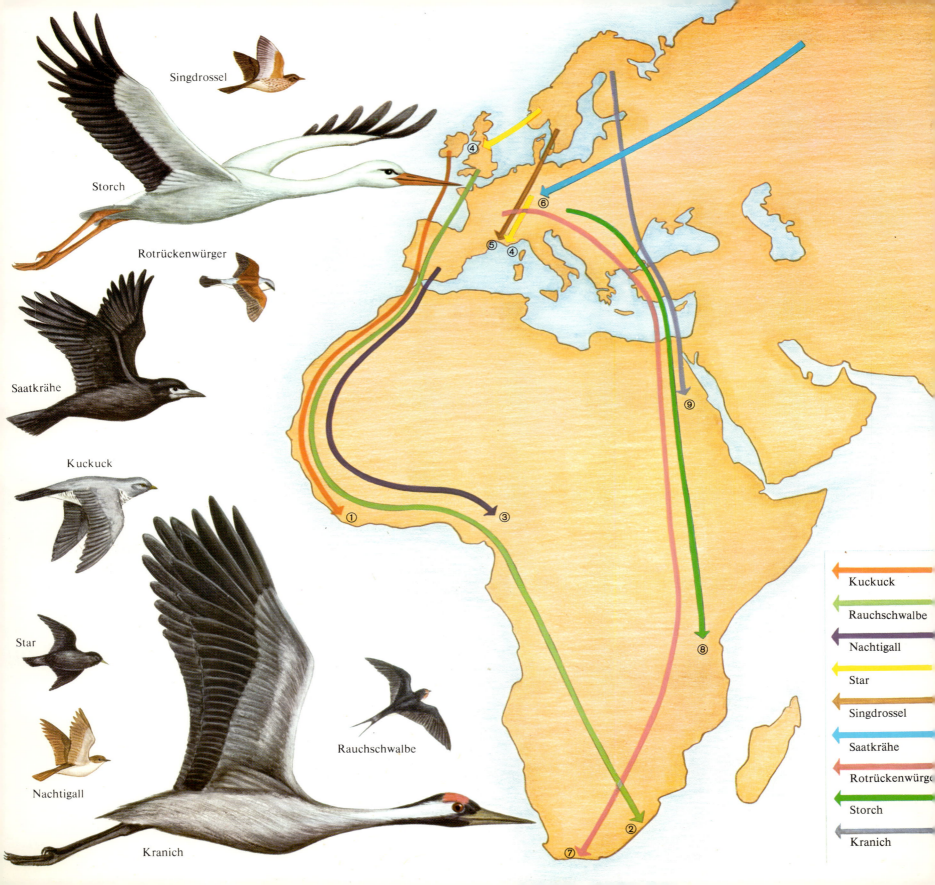

Fliegende Gänse

Oktober

Es ist Herbst. Die Laubbäume färben sich gelb und rot und werfen langsam die Blätter ab. Die letzten Felder werden abgeerntet und die Natur stellt sich auf den Winter ein. Die Zugvögel sind jetzt auf der Reise. Unser Bild zeigt einige Vogelarten und ihren Weg in den Süden. Die Forscher können uns ganz erstaunliche Dinge über den Vogelzug erzählen:

Das Hauptziel der Zugvögel ist der große Erdteil Afrika, das der Teilzieher ist das südliche Europa. Jede Art fliegt auf ihrem Weg zu ihrem Reiseziel. Sie hält ihn so genau ein, als wäre er eine unsichtbare Straße. Auf ihrem Flug orientieren sich die Vögel am Landschaftsbild, am Stand der Sonne und der Sterne. Es gibt Vögel, die ganz allein fliegen, zum Beispiel der *Kuckuck*. Andere schließen sich zu kleineren Gruppen zusammen, wieder andere ziehen in großen Scharen.

Welche Vögel es sind, die gemeinsam fliegen, kann man an der Flugordnung erkennen. So ziehen *Kraniche* und *Gänse* im Keilflug. Enten fliegen in gerader Linie nebeneinander und Taucher, zum Beispiel Haubentaucher, in einer Kette hintereinander. Kleine Vögel, wie *Stare* und *Rauchschwalben,* fliegen meist in großen Schwärmen. Das sieht aus wie eine riesige, formlose Wolke, die sich aus vielen tausend Vögeln zusammensetzt.

Um zu ihrem Winterquartier in Afrika zu kommen, fliegen manche Zugvögel bis zu 10.000 km weit. Dafür brauchen sie viele Wochen. Sie rasten dazwischen, um auszuruhen und Futter zu suchen. Manche Vogelarten fliegen tags und ruhen sich nachts aus, andere machen es umgekehrt. Sie ruhen und fressen bei Tag und ziehen bei Nacht.

November

Die Tage werden noch kürzer, Nebel und Nässe werden spürbar, der Winter kündigt sich an. Jetzt sind an Teichen und Parkseen oft Wasservögel zu sehen, die im Sommer und Herbst nicht hier waren. Zum Beispiel ein *Singschwan* mit geradem Hals und gelbem Schnabel oder eine *Spießente* in ihrem eleganten Federkleid.
Es sind die Teilzieher, die im Winter ihre nordische Heimat verlassen. Wenn die Wasserflächen zufrieren, finden sie dort keine Nahrung mehr. Deshalb überwintern sie bei uns. Die große *Kanadagans,* einst aus Kanada in unsere Tierparks geholt, flüchtete von dort in die freie Natur. Ihren Wandertrieb hat sie vergessen und lebt im Winter auf eisfreien Parkseen.

Dezember

Der Winter beginnt. Je strenger der Frost ist und je mehr Schnee die natürlichen Futterstellen zudeckt, desto mehr suchen die Vögel die Nähe der Menschen. Ohne unsere Hilfe könnten viele von ihnen den Winter nicht überstehen. Deshalb richten wir eine Futterstelle ein. Sie braucht gar nicht groß zu sein. Wichtig ist nur, daß wir die richtige Nahrung geben und daß wir regelmäßig füttern. Vögel verlassen sich auf »ihren« Futterplatz.

Abgeblühte *Sonnenblumen* voller Kerne, *Vogelbeeren*, *Haselnüsse* und *Bucheckern* haben wir schon im Herbst gesammelt. *Körnerfutter,* das aus vielen verschiedenen Samen besteht, kann man auch kaufen.

Die *Futterglocke* ist nur für *Meisen* bestimmt. Wir können sie leicht selber machen: Durch das Bodenloch eines Blumentopfs wird ein runder Stab gesteckt. Dann wird der Blumentopf mit gekauftem Vogelfutter und einem Gemisch aus geschmolzenem Pflanzenfett und Schmalz gefüllt. Das Fett wird durch Abkühlung fest und so kann nichts mehr aus der Meisenglocke herausfallen, wenn wir sie aufhängen. Nur die Meisen unter den Vögeln sind so geschickt, daß sie sich dieses Futter von unten herausholen können. Es gibt aber auch fertige Meisenringe zu kaufen.

Aber auch andere Vögel brauchen unser Futter als Hilfe: der *Buchfink* und der *Gimpel* auf unserem Bild ebenso wie

die Amsel, der Kleiber, die Goldammer, der Grünfink, der Buntspecht, das Rotkehlchen und die Haussperlinge.
Für sie ist das *Vogelhaus* gedacht, das man kaufen oder selbst basteln kann. Das wichtigste daran ist das weit heruntergezogene Dach. Wie ein Schirm schützt es das Futter vor Schnee und Regen. Feuchtes Futter verdirbt. Vögel können daran sterben.
Wichtig ist auch die Holzleiste, die um das Bodenbrett herum angebracht wird. Sie verhindert, daß das Futter vom Wind herausgeweht oder von den Vögeln verstreut wird. Das Vogelhaus kann im Garten, auf dem Balkon oder auch auf der Fensterbank seinen Platz haben. Wir müssen nur darauf achten, daß Katzen es nicht erreichen können.

Das Jahr geht zu Ende.
Die unsichtbaren Zeiger unserer Vogeluhr
zeigen auf die 12 – den 12. Monat.
Bald werden sie weiterrücken
auf die 1 – und ein
neues Vogeljahr beginnt.